JN410490

봄의 층계

金有新 열번째 詩集

봄의 층계

|머|리|글|

자연, 그 순리 속에서

8년 만에 열 번째 시집을 낸다.

십여 년 가까이 침묵하면서 詩集을 내고 싶은 유혹도 많았으나, 선뜻 작품집을 내기가 두려웠었다.

나이를 먹을수록 詩作에 긴장이 풀린다고 하는데, 나 역시 긴장감이 많이 느슨해진 것일까.

지난 8년간 써 온 시 노트에서 도려내고, 버리고, 추리는 퇴고를 거듭하면서 비로소 열 번째 시집 『봄의 층계』를 내게 되었다.

詩作은 대부분, 시인이 일상에서 느끼는 시혼에 젖어 나오게 마련이듯, 나는 꽃과 나무를 한평생 가꾸며 그들에게서 감히 다른 곳에서는 느끼지 못할 감흥을 받았다.

생태를 관찰하면서 자연에서 배워야 할 아름다움과 순리, 지혜를 터득한다. 짐승의 털에 붙어서 저 멀리 종족번식을 하는 독고바리 풀씨처럼, 저마다 없어서는 안 될 일원으로 구성된 자연의 섭리를 발견하느라 紀行的인 해설이 많아졌다.

시를 선정하는 과정에서 조언 주시고 서문을 써 주신 허영자 선생님께 깊이 감사한다.

출판을 흔쾌히 맡아주신 동행의 김길형 대표님과 편집부, 해설을 써 주신 유성호 교수님과 귀한 그림을 선뜻 내주신 김주권 화가님, 그리고 가족에게 봄볕 같은 마음을 전하며 인사를 대신한다.

자연친화自然親和의 시인

허 영 자

김유신 시인의 열 번째 시집 발간을 축하드립니다.

김시인을 처음 만난 지 어언 40여년을 헤아리는 인연으로 하여 이 글을 쓰게 됩니다.

두루 알고 있는 바와 같이 김시인은 농부시인이었고 지금은 꽃과 나무를 가꾸고 기르는 전원시인입니다.

젊었을 때는 한없이 부지런하여서 벼농사도 짓고 수석도 채집하고 분재도 기르고 그림도 모으고 그리고 아주 열심히 시도 썼습니다.

지금도 잘 가꾸어진 청류재의 주인으로 여전히 꿀벌처럼 부지런합니다.

농촌문학이라는 갈래도 있습니다만 실로 농촌의 삶이

육화된 문학작품을 대하기란 그리 쉽지 않습니다. 한유한 주변인의 시선으로 쓴 글들은 표피적 관찰자의 그것일 뿐 절실한 감동을 유발하기가 어렵습니다.

김시인의 시들은 자연과 더불어 살며 자연 속에서 보고 듣고 느끼고 생각한 산물들입니다. 다시 말하여 소재도 자연이요 주제도 자연입니다. 그의 시 속에는 꽃향기가 있고 새들의 노래가 있고 맑은 바람소리가 있습니다.

자연을 사랑하는 시인의 지극한 마음이 편편이 담겨 있습니다. 생활과 일체된 자연친화의 시들입니다.

수식이 없는 무기교의 소박함도 아름답습니다.

자연이란 원래 공교하면서도 꾸밈이 없고 아름다우면서도 소박한 것이니 자연을 닮은 김시인의 순수한 시심은 신선한 느낌을 줍니다. 이번 시집에서도 예외없이 서늘한 초록의 숨결이 느껴집니다.

바라건대 자연친화의 시인 김유신 시인의 문운이 늘 창창하고 무궁하기를 거듭 빕니다.

1

2

3

4

1

되도록 숨을 죽이고 가만히—
되도록 얇은 자세로—
되도록 마음을 비우고—
바라보아야만 될
꽃.

고해성사 본 뒤에 바라보면
향기가 흘러나오는
꿀이 흘러나오는
꽃.

—「수정란 2」 중—

수정란 1

오
순결, 순수, 투명
낙엽 속에서 솟아 피어나는
고귀함.

숨소리까지 죽여가며
조아려 보게 하는
푸른 잎 자락도 없이
하얀 수정체로 피어서
하늘에서 투명으로 내려다보시는
높으신 주님께
고해성사 바치라는
꽃.

2009. 1. 14

수정란 2

되도록 숨을 죽이고 가만히-
되도록 얕은 자세로-
되도록 마음을 비우고-
바라보아야만 될
꽃.

고해성사 본 뒤에 바라보면
향기가 흘러나오는
꿀이 흘러나오는
꽃.

귀엣말
참다운 깊은 내 안을 내비춰
귀엣말까지 들려줄
요정
꽃.

2009. 1. 14

사진 제공 / 윤봉택 시인

풍란風蘭

찬이슬을 먹고 산다.

먼– 눈길 조는 듯 바라보아야 될
동동 떠 있는 듯한
무인도.

까마득한
벼랑에 붙어
긴긴 뿌리를 내리고
파도 소리와
물새 소리 속에 살아가는
풍란.

밤이면 총총한 별 밭에서 내린
이슬에 젖었다가
머나먼 곳까지 그윽한 향을 피워내는
풍란.

아, 인간으로 살기보다
때로는 풍란으로 살고 싶어진다.

2004. 10. 19

남산 제비꽃

해마다 봄이면 찾아오는
먼 곳에서 가까운 데서
후투티새
울림의
소리.

오랜만에 찾는 귀향길
소나무 숲 밑에서
여인네 분내움 훅 끼치며
지나치는 내 어깨를 툭툭치는
남산 제비꽃
향.

무더기, 무더기
남산 제비꽃 하얀 꽃송이들
봄바람 따라서
자락치마 출렁이듯
분분이
민 추억이 님실님실 다가오는
향.

나의 연이여. 2010. 4. 12

윤판나물

아장아장
양지바른 곳에서부터
찾아오는
봄.

웅 웅 웅
소리를 내며 올리듯
땅 속에서
솟아오르는
새순.

돌아섰다 다시 돌아보면
어느 사이
노란꽃
주렁주렁 매달고
봄바람
춤사위.

보는 것으로, 보는 것으로도

기氣
울림을 받게 되는
윤판나물
새순.

2003. 봄에

새우난초

아름다운 꽃은 그냥 보나
귀하디귀한 꽃과 나무를 정성도 없이 그냥 볼 수 있나
늦가을이 오면 해마다 하는 일이 월동 준비다
낙엽을 끌어 모아 새우난초 덮어 주는 일을 한다.

남도 땅에서만 자생하는
금새우난초
태안반도 안면도에서나 사는
새우난초들.

육지로 진화하여 흙 속에서 새우걸음으로 기어서 살아
새우등 매듭, 매듭으로 기어드는
5월이면 향기로 속삭이며
뭇사람들 그윽한 향에 젖게 하는
새우난초들.

청류재 숲에 몇 십 년이나 정착하여 살게 된
새우난초들.

2010. 11. 13

독고바리 풀

한평생 자연에 순응하면서 살다보니
한평생 자연에 의지하며 살다보니
참으로 창조자의 신비를 생각하게 된다.

고루 사는 비법으로 살아가는
더불어 살아가는, 더불어서 함께 살아기는
신비와 감탄을 느끼게 된다.

어느 식물은 바람에 의지하여
어느 식물은 곤충들에 의지하여
어느 식물은 날짐승에 의지하여
어느 식물은 땅 속으로 기어가는 지피 식물로
어느 식물은 덩굴 식물로
식물들과 가슴을 맞대어
가까이 가까이 귀엣말까지 엿듣다 보면
살아가는 지혜와 겸손을 배우게 된다.

날짐승 털에 붙어서
번식하며 살아가는
독고바리 풀처럼
살아가는 지혜를 터득하며 산다.

작은 으아리꽃

입추가 가까운 복더위가 오면
매미 쓰르라미 베이스 화음에
나의 서재 남쪽 창가에는
작은 으아리꽃이 피어난다.

높은 갈참나무 걸쳐서 피어난
작은 으아리 덩굴 꽃들이
밤하늘 은하수처럼 어린 동화를 엮어서
어디론가 먼 나라 여행권을 준다.

2008. 8. 13

꽃다지

봄을 먼저 실어다 주는
꽃다지 보셨겠지요
땅바닥 얕게 얕게
납작 엎드려서 피어난
꽃다지.

땅 위에 무수한 별꽃처럼
봄바람 이는
가슴의 꽃.

아지랑이 가득한
종달새 청지기 앞세우고
먼 시선 동구 밖 바람 깃을 받게 하는
꽃다지.

가만가만 사랑의 눈길로 보셨는가요
누이의 봄나물 바구니 속에 다가오는
봄바람의 꽃.

2005. 3. 23

옥잠화 4

하늘의 천사
그윽한
메시아
향.

거룩하게 거룩하게
하얗디 하얗게
밤새도록
풀벌레 소리와 함께
하늘 천사의
팡파르.

2003. 8. 30

능소화

삼복더위에 꽃을 피우는
능소화
미치도록 피가 뜨거운
여인의 가슴 열어낸 듯
붉게 피어난
능소화.

이글이글
가슴 끓어오르게 하는
뜨거운 눈길
광채
활활 가슴 불태워
기쁨에 젖게 하는
유혹의 눈길
능소화.

2003. 7. 17

채송화

아-하! 시원타!
가을 뜨거운 볕살에도
벼이삭 잘 익게 한다고
하느님 노여움 사게 된다고
뜨겁다는 말 대신
농부
그- 하- 시원타 시원타! 하는
볕살의 화음으로
채송화는
빨강, 노랑, 분홍, 주홍
장독대 둘레에 활짝 피어서
합창을 한다.

올 가을에 시집 날 잡은 누이
까르륵 까르륵 웃음이 피었다
가을 뜨거운 볕살에.

2009. 9 .9

해국 1

파도 소리로 꽃을 피운
해국이려니
한 더위에 이글이글 타오르는 불덩이
열반에 이른 바위 벼랑에서
온몸을 태우는 목마른 불심 피워낸 꽃이려니
사랑앓이 열병 끝에 피워낸 꽃이려니
바닷가 흰 거품을 물고 달려오는 파도 소리에
가슴앓이하는 꽃이려니.

밤하늘
어린 별들의 초롱초롱 찬이슬로 목욕재계하고
바위 벼랑에 피어난 해국.

젊은 한때
그 가슴앓이 짝사랑처럼
다 늙어간 이 나이에도 가슴 뛰게 하는
열병의 꽃 해국.

2008. 10. 18

구절초

요즈음은 구절초 각 지역
사투리 꽃말로 터져 나오는 향기에 취하여
하루에도 몇 차례 꽃 마중 길이 바쁘다.

둥근 지구 땅덩어리가 얼마나 기울어졌기에
이글이글 타오르는 폭염과
하늘이 무너졌는가 싶게 기나긴 장마가
선뜻 이 가을 언덕에 올려다 준 구절초 향연들.

순결과 화사한 빛결 속에
향기의 바다로
출렁임을 이뤄놓은 이 가을의 환희.

구절초꽃 마중 길에 바라본 청류재
벌 나비 보부상들이
각처에서 모아온 꽃가루
구절초꽃 수정시켜
명년의 꿈을 지켜보게 한다.

어느 곳 꿀맛이 더 좋더라고

내게 귀엣말 전하여 주며
벌 나비 보부상들이
화음의 무희를 이룬다.

2010. 10. 중순에

고광나무꽃 1

닭소리도 들려오지 않는
깊은 산 속에
웬 매화향이더냐
웬 매화꽃이더냐.

계곡물 소리 따라 오르다 보면
산 속의 매화더냐
뜨락에 피어난 매화보다
더한 아름다움 매화향이로다.

그래, 산마을 아낙네들
산나물로도 으뜸
고광나무
나물꾼들 부르기는 따로 있나니
외 속순 나물
오이 풋냄이 난다 하여서
오이순 나물.

고소함과 아작아작 씹히는
햇순나물 무침

꽁보리밥에 고추장 비빔하여
한입 가득 먹다 보면
초저녁 별빛들이 초롱초롱 계곡으로 내려온
산마을의 향
산처녀의 향.

2004. 5. 23

천도복숭아

꽃이 필 때는 무릉도원으로
설렘 바람을 안으로 파고들게 하더라만
두 볼이 통통
빨갛게 농익어 유혹이구나.

백자 접시에 담긴
천도복숭아 그 자태.

한산모시 적삼에 속살이 내비치는 듯한
대청마루에 돗자리 펼치고 앉아
부채바람을 모으는 여인 같은.

한입 상큼하게 베어 물면
사내라는 것을 다시 느끼게 하느니.

2008. 7. 25

석 류

짝 벌어진
석류.

하얀 이처럼
총총하게 박힌
석류 씨앗.

그 씨앗을 씹어 먹으면
상큼한
아주 상큼한
오, 그 여인이 생각난다.

2003. 10. 22

취소나무 1

취소나무
소나무 가지가 치렁치렁 수양버들처럼 늘어져
뻗어 내린 가지로 자라는 변이 소나무.

30여 년 전 벌목꾼에 의하여
옹기가마 화목되기 직전
안성시 미양면 고지리 얕은 뒷산에서 구제되어
청류재 숲에 오게 된 취소나무
자연 속에 마음을 비우고 살다보니
한평생 세상살이 꽃과 나무를 사랑하다 보니
귀한 변종 취소나무까지 받게 되는가.

울진 현곡리 취소나무
보호수 지정받아
그 명성에 관심가진 이들
발길 드높다 하나
생각만 하여도 오금이 오싹해지는
옹기가마 불꽃으로 사라질 뻔한 취소나무
나와 함께 살아온 지 30여년
그대 귀하디귀한 자태에

이 세상 살아온 보람을 느끼나니.

취소나무여
그대와 나의 연이여
그대는 내가 봄앓이 꾼이라는 것을 아는지
이른 봄바람에 가장 먼저
연둣빛 치렁치렁 늘어진 가지가 시심을 일으켜 주는
봄 타령꾼이란 것을 아는지
나무란 나무 중에서도 소나무를 사랑하는 것을 아는지.

치렁치렁 처져 땅바닥으로 늘어져 자라는데도
내게 절기의 푸른 바람을 일으켜
시심을 광풍으로 불러 주리니
풍류객들이 청류재 숲을 찾으면
시혼의 봄바람처럼 일어주리니.

2010. 11. 초

취소나무 2

구절초 가득 핀 언덕에서
취소나무가 가을바람을 빗고 있다.

며칠 후면 입동
세월은 해를 거듭할수록 급류
그러나 시인은 봄꿈에 산다.

종달새 앞세우고
아지랑이 아른아른 안개 면사포 쓰고
파도를 타고 달려올
산 넘어 산 넘어 달려올
연둣빛 새순 세상.

노시인을 명년의 봄꿈에 살게 하는 취소나무가
구절초 꽃바람을 일으키며
흥겹게 출렁인다.

2010. 10. 30

취소나무 3

어디 우리 인간만이 봄꿈에 살고 있으랴
어디 우리 인간만이 절기의 흥에 취하고 있으랴.

느끼나니
흥에 취한 봄의 추임새를 앞세우고 있는
꽃과 나무를 보았느니.

연둣빛 수양버들 뿐만 아니라
연둣빛 봄 색에 취하여 살듯이
귀하디귀한 변이 소나무
절기마다 즉흥적인 시흥에 취하는
출렁이는 푸른 가지에서
그대 시흥의 뜻을 엿보게 되느니.

2010. 11. 1

벽오동

대전 오류동에는
이슬비가 내리고 있었다
박용래 시인께서 방문이 반갑다고
잠방이 옷차림으로 막걸리 주전자 받아와 마시다가
이웃집 담장 넘어 키가 높은 몇 그루 벽오동에
박용래 시인께서 손짓
"저 벽오동은 높아서 주인은 못보고
내가 보고 즐기는 내 벽오동이지"
"김시인! 집에 벽오동 없지?"

막걸리잔 마시다 말고 뽑아 주시던
청류재 벽오동
박용래 벽오동으로 이름이 지어져
내 이웃 지인들에게 분양하는 즐거움에 산다
시인 오탁번, 장석주, 윤석산, 김윤배 등과
화가들이며 나무를 좋아하는 가까운 지인들에게.

박용래 벽오동의 후손들
대청마루에서 신선의 부채바람에 취하듯
그 잎 자락 바라보는 여유

박용래 시인
막걸리를 마시면서
한없이 흘리던 눈물과
봉황새 노랫가락 꿈꾸는
시인의 달밤을 그리게 된다.

백자작나무

—김준권 판화작품에서

백자작나무 숲을 생각한다
백두산 혹은 시베리아
추위가 깊고 길게 누워 있는
높은 북녘 땅에서
하얀 피부를 드러내고
순결함이란 순수란 것을 생각하게 하는
백자작나무 숲속을 그려본다.

턱을 괴고 바라보는
나의 남쪽 창 밖에 높게 서 있는
백자작나무 한 그루
윤동주 서시처럼
바람의 춤사위를 보여 준다.

이른 봄
새싹 움을 산새들이 즐겨 따먹는
자작나무 가지
유난히 새들이 잘 내려앉는
그 가지에 바람이 일면
시인의 노래와 같이

내 가슴이 젖어 온다.

오늘도
봄의 길목에서
자작나무 숲을 그려 본다
윤동주 서시를 합창하듯 서 있을
백자작나무 숲을 생각한다.

2005. 1. 28

2

청류재 봄은
복수초꽃이며 영춘화, 미선나무가
제일 먼저 알려 주는 줄 알았는데
강변의 수양버들
잔설이 녹아 흐르는 산골짝 갯버들이
제일 먼저 알려 주는 줄 알았는데
전지가위 끝
펄펄 솟아오르는 단풍나무 수액으로
뒤늦게
봄의 한 층계를 알게 되었다.

-「봄의 층계」 중-

봄의 층계

한겨울에도 바람 없는 날씨를 찾아
청류재 수목원에서는
시퍼런 전지가위와 톱을 들고 전지를 한다.

오만하고 무법한 가지를 과감하게
되도록 냉엄하게
함께 살아가는
아름다운 숲을 향하여
어린 가지와 꽃가지를 위하여
침엽수 가지에 햇볕을 받쳐주기 위하여 전지를 한다.

대한大寒이 지난 오늘도 겨울 햇볕을 받아가며
단풍나무 가지를 과감히 전지하는데
오매, 냉엄한 전지가위 끝에
수액이 펄펄 솟아올라 뚝뚝 떨어져
일손을 멈추게 한다.

청류재 봄은
복수초꽃이며 영춘화, 미선나무가
제일 먼저 알려 주는 줄 알았는데

강변의 수양버들
잔설이 녹아 흐르는 산골짝 갯버들이
제일 먼저 알려 주는 줄 알았는데
전지가위 끝
펄펄 솟아오르는 단풍나무 수액으로
뒤늦게
봄의 한 층계를 알게 되었다.

2009. 1. 23

이른 봄 청류재 숲에

언제나 유혹의 빛과 향이 있다.

벌 나비들이
보부상 발길처럼 찾아도
개화기를 다 못 맞추는
꽃들의 순리.

간간이 빛의 향연에 취하고 싶어
미친 듯 유혹을 자청한다.

이른 봄 잔설이 다 녹기 전부터
복수초꽃, 깽깽이풀꽃, 얼레지꽃
봄의 빛결은 노란색에서 시작되어
현란한 연분홍과 붉은 빛에서
초여름 하얀꽃
가을에는 보라꽃
빛결들의 화음.

오늘도 이른 아침
안개 면사포를 쓴

초여름 숲속에는
비비추, 나리 군락지
하늘에서 내려온 천사들의 팡파르
하늘의 은총
비비추, 나리, 원추리꽃들의 화음.

2005. 6. 8

봄의 해설가
—산나물 이야기

오늘 저녁 아내가 차려준 나물무침 밥이다
언제 뜯었는지
홑잎나물, 취, 참나물, 달래, 부추, 열무김치
햇고추장, 된장, 들기름 등 보리밥 앞에서
봄의 해설가가 찾던 발길이 떠오른다.

이른 봄날이면
산마을이 있는 장터를 찾는 즐거움이 있다
지리산 큰 산기슭을 낀 화개장터 뿐이랴
태백산자락 기슭에서 나오는 강릉 연곡장터, 봉화 춘양장터
소백산자락에서 나오는 풍기장터.

우리나라 산천에 봄이 찾는 절기 따라서
연둣빛 산나물 보따리를 풀고
골목길에 좌판을 벌린 할머니들의 모습.

모두가 산골짝 물가에서 나오는 연둣빛
닭 울음이 들리지 않는데서 나온다는 귀하디귀한 고광나무순

다래순, 물싸리순, 홑잎나물, 고추나무순, 두릅,
엄나무, 참죽나무 새순들.

산나물 보따리 가득 좌판에 풀고
산촌 할머니는 산에서 나오는 햇순은 모두 먹어도 된다는
향긋한 산나물 말씀
어디 나무들의 새순뿐이랴
일찍 나온 돌미나리, 각시원추리, 명이나물(산마늘),
산부추, 곰취
수많은 취나물들, 얼레지, 금강아기나리,
금강봄맞이꽃, 태백제비꽃
동의나물, 고사리, 고비, 꿩고비, 모싯대, 금낭화,
벌깨덩굴, 쥐오줌풀
노란장대, 산비장이.

오, 풀 풀 풀
향긋한 향
이른 봄빛에 나오는 풀은 다 산나물이 된다
연둣빛 새순은 향긋한 산나물이 된다.

2010. 4. 23

아내의 손길에서

아내가 올려준
오늘 아침
성찬.

살짝 섞인 보리밥
원추리 된장 재첩국
어느 부지런한 농부
온실 속에서 나옴직한
열무김치
봄맛.

아내 손길에서 건너온
한 대접 꿀꺽
꿀맛
그
포만.

2004. 2. 24

입춘

잠을 설친
입춘 새벽
입춘대길立春大吉 건양다경建陽多慶
대문에 붙이며 한 해를 연다.

뜰에
잔설이 축축하게 녹아드는
복수초 꽃맞이 발길
깽깽이 풀꽃자리를 찾으며
홍천조 매화꽃 봉오리와
영춘화 길게 늘어진 꽃 눈매를 살펴보게 된다.

입춘
설렘의 날
온종일 잔설이 녹아 흐르는 냇가
어린 버들강아지
가슴에 수액을 올려 받는
연둣빛 동동 울림.

2011. 2. 4

봄 내들

우수도 입춘도 다 지난
청류재 나무며 숲이 어수선하다.

주인 서둘러 가는 마음 따라서
새들까지 소리 소리로 수다를 떤다
올 따라서 숲속의 수다쟁이 지빠귀 새들
숫자가 더 늘어나서 산으로 가지를 않고
텃새가 되려나 보다.

산비둘기들은 둥지에 앉았는가 하면
노란 새끼들이 새로 태어나
복수초꽃과 더불어 봄을 누리고 있다
먼 서운산 넘어서 봄은 찾아오고
입덧인가, 그리운 자락치마 깃처럼
출렁이는 마음을 어쩌지.

2005. 2월 초

서울 봄의 서곡序曲

서울의 봄은 여인들이 들고 가는
프리지어 꽃다발에서 찾아온다
안개꽃 사이에 노랗게 피어난 향
그 꽃다발에서 서울 봄의 서곡은 들려온다.

만나보고 싶은
언제나 달빛에 얼비춰 다가오던
그대에게 넌지시 주고 싶은
프리지어 꽃다발.

연인아
오늘같이 진눈깨비가 내리는 날
따스한 찻잔이 그립구나
프리지어 꽃향 속에서
늙을 줄 모르는 세계를 거닐어 보고 싶구나
연인아.

2005. 1. 29

5월의 연둣빛 비에 젖어서

올 따라서 더디게도 봄이 오더니
봄꽃인지 초여름 꽃인지
봄꽃이 피는가 싶은데 초여름 꽃도 함께 피는
올 해의 꽃 시절
연둣빛 넓은 잎 자락 나뭇가지 촉촉하게 비에 젖는데
온종일 가슴을 가장 낮은 밑자리에 내리고
빗소리에 젖어 본다.

새들도 숨죽여 가며
바람 한 점 없이 내리는 비에 젖어
온종일 화두에 몰두하는가 보다.

창문을 활짝 열고 연둣빛 잎 자락에
빗소리를 가슴으로 내리는 먼발치에
이팝나무, 층층나무
고추나무 하얀꽃.

바람 한 점 없이 내리는 빗줄기 속에
새들까지 숨 죽여 명상을 하는데
그대는 얼마나

연둣빛 넓은 세계를 열어 보며
살아가는가.

2010. 5. 18

숲속의 수다쟁이

산에 오르게 되면 수다쟁이가 되는 걸요
나도 모르게 숲속의 수다쟁이
수다쟁이 좌판을 벌려놓게 되는걸요.

그럼요, 아암 그럼요
꽃들의 이야기들이 향으로 달려드는 걸요
벌 나비 춤사위 절정을 이루게 되는 화음
꽃들의 빛결 노래 가슴에 닿는 걸요
저마다 지역 특유 사투리로 달려드는 걸요.

아암요
누가 뭐래도 주룩주룩 뻗어 오른 나무 사이
부신 햇살비가 내리지 않더라도
발길 따라서 닫는 대로
풀꽃들이 있는 곳에는
까치발로 뛰어서라도
아니 먼발치 바라보기만 해도
눈에 번쩍 웃음으로
잔잔한 웃음으로 달려들어
나도 모르게 수다쟁이로 만드는

꽃들인 걸요
꽃 이름을 알면 알수록 수다도 늘데요.

2004. 7. 24

5월의 왕두산 계곡에서

먼 곳에서 바라보면 순하고도 펑퍼짐한
봉화 춘양면 왕두산 깊은 골짝마다
물소리가 음악이다.

봄의 해설가 시인
맑은 물소리를 팔베개 하고 누워
넌지시 바라보는 연둣빛 산자락에
산 벚꽃들이 울긋불긋
가장 깊다는 내륙지방에 절기는 이제다.

아랫마을 야트막한 언덕에 개 복숭아꽃이며
흰 구름자락으로 내려앉은 조팝나무꽃이며
그렇구나
물가에 나오는 아기붓꽃, 아기나리, 아기 원추리, 노루오줌
솟아오르는 야생화들
속살거리는 작은 웃음들.

휘덮은 다래, 으름, 칡덩굴들
무대로 꾸며져

오, 물소리에 취하여
맑은 물소리 팔베개로 누워있는
봄의 해설가 시인
불현듯
뭇 연인에게 가연佳緣을 청하는
연눗빛 엽신葉信을 띄워나 보리.

2010. 5. 5

초여름 한낮

오월에서 유월사이
초여름
한낮.

뻐꾹새 메아리 여울 소리로
찔레꽃 향기 훅훅 내게 달려오는
산골짝 물소리 따라서
바위 언덕에 걸터앉아 피어난
꽃들의 눈웃음
하얀 말발도리꽃.

느끼나니
그대의 순정
그대의 순수
오월에서 유월사이
초여름 꽃들에서.

2006. 5. 28

초여름 꽃들은 희다 2

청류재 숲속에서만 보아도
5월 초여름 꽃들은 희다.

이팝, 공작조팝, 층층, 쪽동백, 함박꽃, 불도화, 고광
노각, 산딸, 때쭉, 찔레, 말발도리, 병아리꽃 나무 등
이름만 열거해도
그냥 향그런 시 구절.

신록 바람결에 화안하게
피어난
초여름 꽃들은 한결같이 희다.

뭉게구름 자락같이
눈부신
초여름 꽃들
그 순수 순결한
아름다움에 취하다 보면
우아한 여행권을
받은 마음.

2005. 5. 19

가을 땡볕에는유
―안성 방언시편

어린 별들이 초롱초롱 밤해늘 찬이슬 꿰어 놓는 귀뚜라미 밤엔유
밤해늘 은하수 콧등에 얹혀지면서유―
수확을 앞둔 땡뱃이 을매나 고마운지유― 알어유―?
차령산맥 장산자락에
경기도 가장 남쪽 이천, 용인, 평택, 그 아래 가장구에
천안, 진천, 음성, 울안에 아늑한 안성 골골이며 평야에는
오곡이 영글어유―
그런데 한낮 땡뱃 아래 김장밭도 가꿔야 되쥬―
논두렁도 깍어야 되구유―
그래서유― 나두 모르게 어 덥다 어 더워유―
나오다가두 우리 천돌이 머슴은유― 덥다 하믄 되남유―
어 시원타 어 시원타 해야되쥬―
땜이 철철 흘러두유― 하늘에다가유―
고마움을 곱디고운 눈웃음을 쳐야 된대닌깐유―
햇밤이며 햇대추가 간밤 찬이슬에 번뜩이는 새벽부터
안성 땅에는유― 누렁방이가 물들고
풍성하게 주섬주섬 추수가 바쁘면서
뜨거운 땜방울을 댞어 내면서두유―

어 시원타— 어 시원타 해야되유—
하늘님이 노여움 사시게 되면 안 되유—
하늘 위를 올려다보면서 감사를 드려야 되유—
가을 땡볕에는유— 하늘님께 감사를 드려야 된대니깬유—
천돌아!
야—?
시방 바뻐유—.

2008. 10. 17
—한국시인협회 방언시집 시

구월九月의 뜰

구월九月 중순中旬 들어
청류재 뜰은
별들의 세상.

무더기 무더기
붉은 지손이 꽃무리들
작은 자바기 그릇마다
각시수련 하얀 꽃송이.

밤새도록
별들의 이야기가 맺은
찬 이슬
아침 햇살에 반짝이며 벌어지는
별들의 세상.

너에게서
너의 앞에서
초롱초롱
순수 어법을 듣게 되는
청류재 뜨락의 풍경.

요즈음
무시로 무시로
눈도장 찍으러 잦은 발길
그들의 어법에 귀 기울여 보는 맛에 산다.

2004. 9. 13

북나무 붉어지는 산

아무리 한낮의 뙤약볕이 뜨겁더라도
산자락에 북나무며 홑잎나무가 붉어지는
절기는 벗어날 수가 없어 보인다.

산골짝 청명한 물소리에
동화가 달려온다.

팽이가 얼음 위에 심지를 박고
휭-휭-휭-휭
팽이채 매질에 중심 잡고 심지 박은
그 휭- 휭- 소리
신명난
오줌독에 절인 박달나무 팽이.

꽁꽁 얼어 터진 거북손등
밤에 구리시린 바르고
화롯가에 호호 불며 불 쬐던
박달나무와 나의 동화.

산밤이 툭툭 떨어지는

산길을 오르며
어린 동화가 누런 콧물 흘리며 달려온다.

2008. 9. 19

나에게 시를 쓰게 하네

이른 봄 땅속에서 고사리 손과 같은 새순들이
옹알이 소리로 부르며
여보세요, 여보세요, 나를 봐 주세요
여기도요, 여기도요.

콩나물 콩 머리를 들고
꼬리에서 꼬리가 뻗어난 강변에 수양버들
연둣빛 출렁이는 어린가지가
끌어 모은 봄빛은 대교향곡 울림처럼
짙은 푸른 잎 자락이며 꽃들이
아름다움 해역의 시를 보여 주게 하라고
그 많은 시인 중에서도
신의 섭리 운명을 내려주신 듯이
나에게 시를 쓰게 하네.

시다운 시로
꽃과 나무를 아름답게 가꾸는 손길처럼 일생을 바쳐서
나에게 시를 쓰게 하네.

절기에 따라서 대교향곡의 울림처럼 벌어지는

대자연 속에 햇볕, 햇살이며
온갖 바람들이 스치는 감흥에 따라서 일어나는
사계의 푸른 잎 자락과 화사한 꽃잎 빛결이며 향이
나에게 시를 쓰게 하네.

올해처럼 잦은 비, 기나긴 장마 속에서도
꽃과 나무에 스치는 타악기로 이어지는 소리에 취하게 하여
오늘처럼 산골짝 맑은 물소리로 이어지는
깊은 가을로 재촉하는 빗소리에 취하게 하여
나에게 시를 쓰게 하네.

간혹 꾀꼬리 진객이 흥을 더 올려 주듯이
철 따라서 산새들이 찾아들어
나에게 시를 쓰게 하네.

2010. 10

연蓮씨에서

자완연磁碗蓮을 기르며 산다
작은 그릇 안에서도 꽃을 피워 준다고 해서
자완연이라 했것다.

신비한 마음으로 꽃을 피우며 산다
그리고 아름다움에 취하여 산다.

지금도 중국 본토에서는
몇 백 년 혹은 천년이 넘은
깊은 연지를 파헤치면 검게 석화된
아직도 썩지 않고 생생한
학계에 신비의 화제가 된
연蓮씨들이 있다고 한다
중국 어느 여류 생물학자가
계속 발굴하고 연구하여
작은 컵 안에서 발아를 시키는
신비의 세계.

몇 천 년 땅속의 신비
큰 음표 같은 씨앗 환생시켜 가며

자완 연에 혼불을 밝힌다
그릇 그릇마다 조금씩 꽃 빛결이 다른
작은 연을 기르며 산다
한 박자 같은 음표의 파동을
증폭시켜 가며 산다.

2005. 2. 14

나의 서재

나의 서재는 많은 책들과
혜산 선생님 모시고 탐석해 온 수석水石들
도자기와 묵화가 있는가 하면
계절 따라서 꽃 피워주는 난 화분
서재는 최대한 나에게 안식처가 되고
나의 우주가 된다
나의 서재는 내게 천국이다
큰 창문에서 보는 유난히 넓은 별 밭과
낙수 소리가 들려올 때는
가장 아름다운 음악 감상실
음악에 취하여 다뉴브강 기슭을 생각하게 되고
빈의 어느 마을 공원을 거닐듯
베토벤의 전원곡이거나
비발디 사계에 취하여
안식을 찾게 되는
오, 나의 서재
수많은 문사들과 예술인들 체온이 깃든
나의 서재
군사 정권에 밀려 간간이 찾아 심신을 쉬었다 가시던
혜산 박두진 시인

박영준, 유주현 소설가, 김석득 문학박사, 박목월,
박용래 시인
김세종 삽화가, 박서보, 심문섭, 이승조, 이상남 화가
시인 묵객들의 숨결이 가득 있는 곳
계절 따라서 바깥 산새 소리에도 취하는
나의 서재는
내 최대의 안식처.

2005. 1. 5

양력 초이튿날 아침

아침 창가에 부신 햇살이 가득 들어온다
월동을 피하여 난분들이며 양치류
그리고 수반 안에 석부작 게이비 붓꽃이
상고대꽃 풍경이 서린 창가를 녹이며
곱게 쏟아져 들어오는
아침 햇살을 받는다.

잃고 사는 행복의 정체를 느끼며
가슴에 채워오는 가득함이
부신 햇살 한 줌에서
살아있음의 율동을 보여 주듯이
철새 몇 마리 내리는 만조된 호수가
밑그림을 그린다.

2011. 1. 2

동양란 명품록을 펼치며

보세란 꽃대가 높이 솟아오르는
서재 창가에
곱게 내비쳐 들어오는
겨울 햇빛 속에서
간간이
동양란 명품록 책자를 펼쳐 보게 된다
언제 보아도 싫증이 나지 않는
선비다운 품격의 멋을 지닌 한란들
언제나 신비스럽기만 한 요염한 자태
보춘화 빛결들
남모르게 자기들끼리 속삭임으로
아름답게 살아가는
해오라기, 병아리, 손바닥, 나도제비, 잠자리
아, 이름도 가지가지 난초들
내게 귀엣말 들려주려는 듯
뿌리며 발부에 양분 저장 능력을 지닌
식물 중에서도 가장 진화가 잘된
그들에게서 살아가는 지혜와 여유
마음의 양식을 얻게 되는
향과 멋이 가득한 책을 펼쳐본다. 2004. 12. 10

함박눈이 내리는 동짓달 봄앓이꾼

창밖에 함박눈이 내린다
젊은 시절에는 함박눈이 내리는 날에는
어디론지 떠나고 싶었는데
나이가 깊어지면서 먼 창밖으로 보내던 눈길을
서재에 꽃대를 높이 올리고 있는
한란, 산천보세란, 춘란으로 보낸다
'동양란 명품도감' 책자를 펼쳐보거나
한겨울에도 푸른 잎 자락으로 꽃을 피우는
상록활엽수 나무들 감상으로
봄의 향에 젖어 본다
창밖에는 함박눈이 펑펑 내리는데
나는 이미 봄을 누리고 있다.

2010. 12. 27

죽백난꽃 곁에서

늦가을 바람이 낙엽을 무덤으로 재우는 무렵이면
나의 한적한 서재에는
죽백난꽃이 피어난다.

꽃대 하나에서 반듯이 세 송이가 피어나
그윽한 향에서
그윽한 시 한 수 화답을 기다려 주건만
올해도 역시
화답다운 화답을 못 올릴 수밖에 없나보다.

천파만파 파도 바람으로 수액을 올려 키워낸
한라산 기슭 숲속 많은 전설들
그대 고향을 그리워해 볼 뿐이리라.

댓바람 소리가 이는
죽백난 난 잎 몇 장으로
시인의 옷깃을 여미게 하는
내 서재의 죽백난꽃이여
언제쯤에서야 그윽한 향기에 화답할
시 한 수를 올려 주리까.

2009. 12. 2

상고대꽃 피는 창가에

청류재 벽난로에는
활활 불꽃이 피어오르지만
이른 아침 유리 창가에 상고대가
두텁게 서려 있을 만큼 춥다.

상고대꽃 피는 창가
떡가루 같은 눈발이 휘날리고
창밖 먼 눈길에는
자작나무 가지에 산비둘기 떼가 웅크리고
벌써
나와 같은 봄앓이 꿈을 꾸고 있는가 보다.

우수에 찬 솟대처럼
고독의 꽃에 촉촉이 물을 뿌려주는
차이코프스키의 음악
다 타버렸을 것만 같던 가슴에 잔잔하게 울려와
옛 추억 그리움의 싹이
봄 아지랑이 악장처럼
울려오고 있다.

상고대 서려 있는 창가에는
흰 떡가루 같은 눈발이 휘날리는데.

2010. 12. 26

녹차 향에 젖어

그래도
백자나 청자 찻잔의 따스한 온기를 느끼며
녹차를 마시는
여유.

창밖에 눈발이 휘날리는 날
브람스 음악에 취하여
따스한 녹차 향에 젖어 보는 일.

세상 살아올 만큼 살아온 나이에
눈발이 휘날리는 창가에서
봄의 언덕이 그리운
먼- 눈빛
소년의
꿈.

2008. 동지섣달에

3

한라산
가장 깊고 깊은
작은 호수.

제주도 봄맞이
환희에 찬 오르가즘이다.

-「천지연폭포」 중-

섬

서해
먼 바다
흰 거품에 위로를 받는
지도에도 표시가 없는
작은 바위섬.

고독을 다듬고 있는
가마우지
몇 마리.

아름답게 채색된
하늘에
낙조落照.

먼발치
깜박깜박
졸음에 기운 듯
작은 어선
한 채.

흰 거품에 소리를 세워서
고독을 토하는
지도에도 표시가 없는
작은 바위섬.

2003. 9. 19

제주도

하늘에서 내려준 땅이라 하고
용왕께서 올려 준 땅이라 하고픈
제주도
하늘 높이 구름 속을 타고
천파만파 파도 물결
깊은 바다를 건너야만
갈 수가 있는
아름답고 신비로운
생명의 땅.

2005. 2. 22

서귀포의 겨울은

서귀포에는
겨울이 내려오다가 이내 올라간다.

한라산 위에 눈이 휘덮여 있으나
12월이 되면 돌담 울밑에서는
수선화가 피어나기 시작한다
동백꽃들이 피어나기 시작한다.

꿀을 찾는
동박새며 직박구리 새가 분주하다
한라산 중턱에는
흰 눈이 함박 내려와 휘덮여도
겨울이 오다마는 제주도
돌담장가에는 수선화
유채꽃 꽃 사태를 이루는
서귀포 겨울.

2004. 1. 5

외포리

외포리를 찾으면
'바다가 그리운 나무' 집이 있다
석모도가 한눈에 보이는
출렁이는 바다
달빛 은비늘이 얼비춰 올 때
인어공주 노래와 전설이 들려올 듯한 곳
통통배가 깔고 들어오는
곱디고운 낙조
비단 물결
그 위에 갈매기가 시어詩語를 날린다
언제나 아름다운 시어를 꿰어 보라는
유혹이 있는
앞 바다가 펼쳐 보이는
'바다가 그리운 나무'
넓은 창이 있는 집
주인장은 가는 눈길로 조는 듯
바다 꿈을 응시하고.

2004. 7. 28

5.16 도로를 넘어간다

봄 시샘
눈사태 길
아장아장 넘어가는
차창 밖
나무들이 하얗게
눈을 뒤집어쓴
나무터널 조심스럽게 빠져나오니
서귀포 시내 한눈에
번쩍이는 누비를 깔아놓은 듯
야트막하게 내려온 별들의 세상.

2005. 2. 21

천지연폭포

한라산
가장 깊고 깊은
작은 호수.

제주도 봄맞이
환희에 찬 오르가즘이다.

그곳에 들어서면
'유자꽃 마을'
김광협 시비가
서귀포 그림 한 폭으로 서 있고
유유히 흐르는
물 속에는 비단잉어 무희
원앙새 몇 쌍과 흰빰 검둥오리, 물병아리
평화롭게 벼랑진 물 건너다.

보도 곁 벼랑에는 상록 활엽수들이 푸르게
마음을 펼쳐주는
하늘의 은총을 느끼나니
그래, 천천히 천천히 걸어

나무와 풀꽃들과 대화를 나누며
천지까지
아, 폭포수가 절정을 이루나니.

천지연폭포는
한라산 최대 절정
오르가즘이다.

2005. 2. 20

정방폭포

요즈음
찾아야 할 곳은
정방폭포뿐.

시원시원 뚫리는 체증.

무언가 쫓기듯
바쁜 세상에
찾아야 할 곳은
정방폭포뿐.

바다 직박구리 새
코털이며 눈 가장자리
노랗게 꽃가루 화장을 한
꿀에 취한 새를 바라보니
가던 발길도 놓고 쳐다보게 되는
오늘의 한가로움.

2005. 2. 21

꽝꽝나무

성산포에서
제주시 오는
해변가
검은 돌 틈 사이에
바람 소리 춤사위에 산다
바람에 취하여 산다
흙 한줌 없이
검은 돌 틈 사이에서
바람에 누워서
바람 소리처럼 산다.

2005. 2. 21

추억追憶의 들녘에 서서

뛰어 놀던 우리 마을
원래 이름은 직지를 하였다는 마을이라 해서
놋쇠동자와 글월문자 동문銅文마을
일본시대 이름 바꿔 동문리東門里.

맑은 물이 흐르는 금광면
골 깊은 산골짝에 장마가 지면
새로운 조약돌 밭과 은모래 밭이 생기고
마을의 누런 소들이 여기저기 매어져 있는
원두막이 많던 들녘 참외밭이며
홍수 피해 막기 위해
대숲처럼 둘러선 미루나무 숲에
학교마다 소풍이며.

읍내 한량들
기생 데리고 천렵놀이 하던 그때 그 들녘
종달새 노래에 취하여 쫓던
인동마을 소문 자자하게 개구쟁이로
뛰어 놀던 시절
어머니께서

들개새끼 새 귀신 별명을 지어 주시던 악동시절
그 추억의 늪에 빠져 한평생 살면서
드넓은 들녘, 들개새끼 새 귀신 소년은
하얀 노인으로 삭아 간다.

뛰어 놀던 넓은 들녘
밤이면 늑대가 인근 산에서 내려와 울어대는 섬만 한 숲이며
맑은 푸른 물에는 물귀신이 나온다 하여
밤공부 늦은 귀가 길에 머리끝이 솟던 길에
이제 먹을거리 식당이 들어섰고
비봉산 산자락의 바위맥이 이어진 바위배기는
전답으로 일구어졌지만
미루나무 마을 악동은 그 추억에 늙어가며 산다.

2010. 5. 9

내 어린 추억 언덕에는

오늘 저녁에 함박눈이라도 내릴런지
하늘이 흐릿하게 내려앉은
청류재 숲을 돌아본다.

내 고향 마을은 미루나무 숲속에 가려져
옛날에는 시내 학교마다 소풍장소며
시내 천렵꾼들이 찾는 명소였는데
금광저수지로 인하여
드넓은 맑은 냇가며
조약돌 밭이며 은모래 밭이며
봄의 청지기 종달새 노래와
조약돌 사이에 둥지를 튼 작은 물떼새(꿀룩새)와
죽순처럼 들어선 미루나무 숲에
뱁새, 밀화부리 등 새들의 소리며
여기 저기서 서 있던 원두막들이며
맑은 냇가에서 풀을 뜯는 소들의 워낭소리
밤하늘 드넓어 초롱초롱 별들이 많은 밤에
악동들은 냇가에 발을 쳐서 밤고기 잡이와
천렵 놀이와 참외서리 콩, 밀 서리를 즐기던 시절
아름다운 고향 추억의 언덕

그 많던 자갈 모래는 현대 건설장으로 나가고
기름진 전답은 삭막한 벌판으로 변하였지만
고향을 떠나지 못한 채
"자갈밭에 고구마라도 심어 먹지 왜 꽃과 나무를 심느냐"
아버지 눈총 받아가며 키워 온 어린 나무들이
아름드리나무 되어 철따라 새들이 찾아 들고
철따라 꽃들이 피어서 온 마을에 향기를 퍼트린다.

내 나이가 살만큼 살아 왔구나 싶은 언덕에서
온갖 나무들 품위 있게 자라 온 청류재 숲을 거닐며
근동 악동으로 소문났던
어린 추억의 덫에 걸려서 떠나지 못한
나의 인생길을 되짚어 보게 된다.

2010. 12. 19

요즈음 참새 떼들

안성에서도 고삼 호숫가
갯버들이며 억새꽃들이 빗질하는 상류쯤에
팔순 중반이 넘어갈 연세로 홀로 꽃나무 가꾸시며
겨울철에는 차나무까지 비닐로 덮어가며
촛불 밝히고 불자로 살아가시는 보살님 차茶할머니
"요즈음에도 뜰에 새 먹이를 주시느냐"
오랜만에 문안 드리니
"겨울철 먹을 것 주는 일 여전한데
요즈음에 참새들이 많이 없어졌어요."

참새들도 이제는 방앗간보다
목장 집을 찾는 것을 모르시나 보다
안성공도 연정목장, 야생화 동우회 집
얼마나 일손이 바쁘면 산수유를 못 따서
치렁치렁 얼음으로 맺어져 있는데
시계 초 덩굴 올린 나뭇가지까지 하얗게
참새 똥으로 뒤덮여진 참새들의 천국을
보살 할머니께서는 모르시나 보다.

그림 그리러 담배연기 가득한 골방 찾으러 가고

등산을 하기 위하여 산기슭에 오르고
그렇게 끼리끼리 남모르게 몰려다니는
참새 떼를 보살 할머니께서는 모르시나 보다.

오늘은 나도 아내와 참새가 되어
야생화 때문에 찾아 나선 연정목장
몇 가지 소나무 전지도 해 주고
창가에 야생화 분경들 바라보며 봄꿈을 꾸는가 하면
봄 뜰에 뿌릴 으아리꽃씨도 따는데
골프채 휘두르며 째–째–째거리며
삼겹살에 소주잔 비우고 온 참새 떼들
방앗간보다 목장 집을 찾는 참새 떼를
보살님께서는 모르시나 보다
남모르게 몰려다니는 요즈음 은밀한 참새 떼들을
모르시나 보다.

2008. 12. 16

상림 숲

인공 숲으로 이 땅에서는 가장 오래 되었다는
천 백년이 더 되었다는 상림 숲을 걷는다
최치원 어른께서
함양에 군수로 부임하여
홍수를 막기 위해 조림하였다는
그분의 높은 지혜
물길을 장 방향으로 돌려 흐르는
상림 숲길을 걷는데
코에 스미는 나도밤나무 향기
필연 뭇 연인들 현기증 일으켜 놓을
가득한 향기
백이십여 종의 나무들로 이루어졌다는
상림 숲을 거닐다 보면
사람주나무가 "나도 여기 있네"
반갑게 반기기도 한다
함양 땅
역사 깊은 땅
상림 숲에는 몇 대 후손일까 나무들 환송
그래, 그래
나도밤나무 향기에 휘청휘청 취함에
휘파람 새소리로 화답을 하나니.

2005. 6. 3

울릉도

하늘이 허락해야만 찾을 수 있는
울릉도
그리운 곳을 찾다.

도동 항구에 들어서니
'뽈뜨이찌' 벼랑에서
입을 딱 벌려 놓고
나를 세워 놓은 산신령.

이천 몇 백 년이나 묵은
향나무가 굽어 내려다보며
그대가 왔느냐 오냐 왔느냐
오느라 파도에 고생이 많았지
소금 배추 저림처럼 고생이 많았지
바람 섬
벼랑에 붙어서 살아온
나의 풍파에 비하면 아무것도 아니지
백발에 산신령처럼 굽어 내려다보며
그 말씀처럼
빈겨주는
향나무.

2005. 4. 3

지리산 휴양림

계곡 물소리가 주제로다
당차게 명쾌하게 흐르는 물소리는
주제곡이로다
우리를 위한 반주로다.

잠을 자다가 빗소리인가
창문을 열어보면
밤하늘에 주먹만한 별들이 속삭이듯
가까이 내려와
물소리를 걸러내어
맺힌 가슴 시원시원 씻겨주는
물소리에 취하여 밤을 지새워도 싫지가 않은
휴양림 하룻밤이로다.

이른 아침 물소리 밟아가는 산책로에는
은은하게 향기를 뿜는
닭소리도 들리지 않는 깊은 산 속에나 있다는
고광나무가 유난히도 많구나
그러면 그렇지
초여름에 빠질 수가 없는

함박꽃이며 고광나무꽃
혼인 색으로 유난히 시선을 끄는
박쥐다래(개다래) 넝쿨 무더기가 아름다워라
지리산 휴양림에는
계곡 물소리가
많은 산식물들 대변자가 되는구나.

까마득히 잊고 싶은
모든 시름 걸러내고 싶어라.

2005. 6. 3

서운산瑞雲山
—탕흉대

차령산맥 장산
서남향으로 줄기차게 뻗어내린
정상에서 다시 서남향으로 뻗어내린
청룡사 구릉지 얼싸안은 그 계곡을 지나
좌성사에서도 능선 가까이 더 오르게 되면
탕흉대.

그곳에 오르면 온 가슴이 확 트이고
온 세상이 한눈에 내려다보인다
맺힌 가슴앓이가 있으면 오르게나
시원시원 활활 고공을 날을 듯이
잡다한 세상 것들
넌지시 내려다보이는
탕흉대.

태안반도 앞바다며 아산, 당진, 평택호와
소사벌 뜰 드넓은 안성평야와 과원들
풍요롭다 풍요롭다
풍요롭게 가슴을 채워 받게 되는
탕흉대를 오르게 된다

역사적으로 필연 봉화대였으리
의병들 한맺힌 역사의 고장 성벽 쌓아올린
탕흉대.

아, 우리 땅, 민족을 지키기 위한 지킴터이니
어느 곳보다도 노을꽃 무리가 화려한
서운산
구름 속에 솟아오른
탕흉대를 오른다.

2004. 10. 19

천수만 하늘에는

서해
천수만 붉은 노을빛 하늘에다
철새들이 그림을 그린다
점미법点美法으로.

고방오리 가창오리 떼들이
와-와-와-
평화를 그린다.

기룩기룩 외마디 주고받으며
별자리 메시지를 전하여 주듯이
붉은 하늘에 기러기 떼들
우리가 찾아 나서는
꿈의 세상
훨훨 펼쳐 놓는다.

2005. 1. 20

가창오리 떼

곱게 노을이 빗긴
붉은 하늘
노을을 헤치고 나르는
가창오리 떼.

멀리서 바라보면
높은 하늘에서
투망 그물을 치듯
노을 수줍은 망사를 가려주듯
꿈꾸는 신기루 바람결이듯.

가까이 바라보면
하늘에서 내려오는
검은 콩알 쏟아져 내리듯
가창오리 떼.

그대에게
그리움 투망 내리듯
나의 최면술 투망에 영원히 걸려주지 않으려
가장오리 떼야.

2004. 10. 29

4

꽃비는 소리가 없다
벚꽃 비
수사해당화 꽃비…

꽃비는 화사하지만
꽃비는 소리가 없다.

-「꽃비 소리」 중-

동암 토굴암 찾아서

공주 태화산 아름다운 계곡
상원골에 암자가 있는지 없는지
앞서 오르시는
대용大用스님 발걸음 따라서 오르다 보면
마곡사 동암東庵 암자가 있다
그곳에 서운스님 수행 정진하시는 모습에서
비움이란 것, 진정 비움이란 것 보게 된다.

토굴 암자 생활
양지바른 먼발치에 장독대 항아리
하나는 된장, 또 하나는 왕소금
뒤집어 놓은 작은 항아리는 절인 백김치 항아리인가
얼마나 세상 밖을 통하고 다니시기에
암자길인지 분간이 안 되는 당 턱 고갯길
소나무 씨앗이 발아되어 자라고
암자 입구에는 여섯 포기 붉은 고추가 맺혀 있고
뒤뜰에
취나물 하얀꽃들이 가을바람에 소슬하게 흔들린다
봄이 되면 노란 민들레가 융단처럼 보인다는
대용스님 말씀.

쪽마루에 앉으면 보이는 것이
가까이 소나무 숲이며 먼발치에 감나무 밤나무
먼 시선에 절기를 가르침 받는 산인가
마곡사 뒷산
태화산 주봉
아래 세상 등지고
오로지 불심에 선념 성신
높은 수행길 암자 생활.

2009. 9. 25

칠장사
—나옹송

산신령처럼 몇 백 년인가
고려시대 산 역사를 지키고 있는
나옹송 뵈옵기 위하여 찾았다
함박눈이 며칠째 내린 깊은 산골짝
칠장사 나한전
그늘을 드리고 서 있는
나옹송
깊은 용 비늘 주름진 노송의
화두를 얻기 위하여
눈길을 헤치며 찾았다
칠현산자락에 소소히 불어대는
매운 바람
죽비소리처럼 들려오는
조릿대 바람
나옹송 앞에서 묵언으로
화두를 기다리는
가난한 가슴으로.

* 칠장사는 안성시 죽산면 칠장리에 있는 고려시대 고찰이며
나옹송은 560년된 노송이다

2011. 1. 중순에

보현정사 꽃창살 문짝에

볕살 바른 아침
흔드는 창을 열어 보니
밤 사이에 함박눈이 내렸다
백목련나무 꽃망울은 아직도 잠잠한데
불현듯
함박눈이 펑펑 내리는 날 찾았던
문경 보현정사의 꽃나무 문살 떠오른다.

이른 아침을 맞이하는 현공스님
은은한 꽃나무 문살 빛 받으며
부처님 세계로 정진하시는 모습
청류재 창가의 백목련 꽃봉오리를 올려다보면서
불현듯
꽃나무 공예 문살이 떠오르는 아침
추위가 물러갈
내일은
우수.

2010. 2. 18

각화사 느티나무 연리지

우리 땅에서도 가장 깊은 내륙 지역
경북 봉화 운곡천
원앙새들이 내리는 계곡
상류로 상류로 오르다 보면
왕두산 깊은 골짝에
각화사가 있다.

물소리 따라서 느티나무가 벌렁 누워
시선을 끄는 여인의 나목이며
느릅나무와 느티나무가 얼마나 많은 세월 동안
얼싸안고 살아온 연리지인지
스님들의 선 도량길
그 많은 유혹을 시험해 보기 위한 연리지
각화사 턱 높은 오름길 물가에
무심히 지나칠 수도 없는
느티나무 연리지와 여인의 나목
깊은 화두를 찾아 오르는 묵언의 심방에는
산새들까지 소곤대는 분위기.

각화사 역사歷史까지 감추고

다 낡아 비가 새는 기와지붕
새로 덮게 한 깊은 사찰
나도 모르게 발뒤꿈치 들고
대나무 총총 세운 담 넘어
수행정진 스님의 화두 가늠해 본다.

2010. 4. 17

숲에서 1

－김준권 판화「숲에서」

오월쯤일 듯
안개를 헤치고 오르는
이른 아침
소나무가 있는 숲길
오직 나의 기침 소리만이 있을 듯싶은
소나무가 있는「숲에서」장쾌한 장 꿩의 소리
안개 속에 밭갈이 소몰이 소리
아랫마을 노인의 기침소리
곧 여명이 밝아올
소나무가 있는 숲
산새들 화음이 실내악처럼
안개를 걷어내고 있을 듯싶은….

2010. 4. 30

숲에서 2

－김준권 판화「숲에서」

5월의 안개는 대지에서 밤새도록 퍼 올려져
연둣빛 짙은 숲
산새들의 메아리까지
저음으로 내리고
어디쯤인지 초행길을 더듬게 하는
암자의 목탁 소리가 발길을 짚어 주고.

정강이에 젖어 오는 촉촉한 이슬
이른 아침
늙는 줄 모르고
여명의 빛을 갈구하는
인생.

숲에서는
언제나 푸른 꿈을 꾼다.

2010. 5. 8

꽃비 소리

꽃비는 소리가 없다
벚꽃 비
수사해당화 꽃비….

꽃비는 화사하지만
꽃비는 소리가 없다.

가는 때를 알아서 떠나기 때문일 거라는
갈 곳을 알아서 떠나기 때문일 거라는
입소문처럼
바람만 스쳐도 소리 없이 가뿐하게 내린다.

사람의 인연도 다 되면 그렇게 가야 하거늘
정이 뭔지, 미련이라는 것이 뭔지
만월 같은 그리움
가슴에 묻어 두고
메마른 꽃으로 성장盛裝한 채
가야 할 길목에서 방황한다.

꽃비는 화려하지만

꽃비 소리가 없듯이
저마다 씨앗을 하나씩 남기고
지난 미련의 정을 접고
소리 없이 떠나야 하거늘.

2008. 6. 16

꽃비 3

－김준권 판화 작품에서

꽃비는 소리가 없다
소리 없는 꽃비는
남 몰래 숨겨 놓은
짝사랑.

화사한
가슴의 꽃을 심어 놓고
추억의 꽃그늘에 살게 한다
안으로 삼켜 놓은
소리 없는
꽃바람으로.

2010. 5. 20

갈잎 소리 1

청류재廳流齋 소설小雪
빈 뜰에는
훌훌 떨어져 내려앉은
갈잎들.

가을 내내 초롱초롱 구슬을 엮어 울던
귀뚜라미 소리처럼
갈바람이 스며서 운다.

볕 바른 언덕에
구절초 감국 꽃잎도 마른 소리 내며
가슴으로 젖어오는
청류재
뜰.

시인詩人의 발길에 채이는
낙엽 소리가
시 낭독처럼 들려온다.

2004. 11. 23

연기

어느 누군가
연기처럼 사라진다고 했는데.

자, 보아라
언제인가는
하늘 위에
둥둥 떠다니는
흰구름 꽃이 되어
우주로
뭉게뭉게 떠다닐 듯싶으나
아니로세 아니로세.

언제인가
다시
먹구름 자락되어
다시
비구름 자락으로
갈기갈기
그대 곁에 내려오거늘.

그것이 바로
환생의 넋인 것을
나와의 인연인 것을.

2003. 6. 12

대보름달처럼

입춘이 지나
우수
양지바른 봄볕이 스며들듯이
대보름 달빛처럼
그리움에 찬
꽃 마중 길 잦아진다.

아무도 모르게 가슴이 들떠
대보름 달빛처럼 화안하게
창가에 얼비친 유혹의 그림자처럼
꽃 마중 길 잦아진다.

가슴 안에
그리움
봄앓이 씨앗이
대보름 달빛처럼 채워져서.

2011. 2. 21

짝사랑

나도 모르게 나도 모르게
봄별처럼 찾아든
그리움
사랑
가슴의 꽃.

2004. 3. 1

달밭이여

붉은 단풍들이 한해의 무대를
가을바람에 수수 흔들어 놓는
깊은 밤
달빛이 잠을 깨운다
그대의 찾아옴을 받아들이기 위해
한생전 커튼 없이 살아 온
넓은 유리창 밖에 잔잔하게 펼쳐 놓은
달밭으로 다가오는
그렇게 기다리듯 살아온
오늘도 늙는 줄도, 싫증도 모르고
안온한 아내의 품안처럼 안겨들게 한다.

달밭에 심상의 꽃씨를 심어 본다
영원한 향이 가득한 꽃말이 담긴
그리움 찬 꽃을 위하여 꽃씨를 심어본다
더 늙기 전에 기다림의 욕망처럼
나를 항시 깨워 주는
달빛
달밭이여.

2010. 10. 21

고독의 성지

그리움이 사무쳐 다가올 때
꽃을 사랑하게 되었다.

그리움 그림자 드리울수록
꽃을 가꾸며 살게 되었다.

알고 느낄수록
진정 꽃에 밀착되어 사랑으로 가꾸게 된
어느 사이 회갑 나이
내가 가꿔온 둥지 뜰은 새들과 꽃들의 성지가 되었다
이제는 어느 절기가 다가와도
가슴 안에 꽃들의 잔치가 벌어져
환희에 찬 성지를 이루고 있다.

먼 그리움이 나비 날개로 훨훨 찾아들면
꿀과 항아리 열어 놓는 여유를 가지게 되었다.

2004. 5. 14

할미꽃 잎이나 천남성 잎을 바라보며

요즈음같이 신록이 넘치는 산천을 바라보면
사는 맛이
살아가는 의욕이 넘치게 마련인데
봇짐을 들고
어디론가 떠나고 싶다
산나물이나 뜯어 먹으며
아무도 없는 곳에서 산새 소리에
산짐승들의 소리에 늦은 밤을 지새우며
홀로 살고 싶어진다.

때때로 울고 싶다
산골짝 물소리에 소리를 죽여 가며
그냥 울고 싶다, 마음껏 울고 싶다.

때로는 천남성 새잎을 바라보거나
할미꽃 새순을 뜯어먹으며
홀연 저 세상으로 떠나고 싶은 마음.

떠나게 되면 산산이 불태워져
재는

내가 기르던 나무에
훌훌 뿌려져 나무에 바치겠다는
유언장 남기고 그냥 떠나고 싶은
내 작은 체온의 끝자락.

2005. 5. 2

오색딱따구리

서운산에서 내려왔는가
백로가 지난 며칠
이른 아침
늙은 밤나무에 오색딱따구리가
목탁 소리를 내며
아침 예불로 청아한 하루
나의 아침을 깨운다.

눈이 번쩍
죽으면 새가 되어
이 자식 저 자식 아름다운 정원에 찾아 들어
아름다운 노래를 불러 주시겠다던
어머니 말씀
오늘같이 어쩌다가
귀한 새가 찾아오면 혹시나, 혹시나 하며
귀가 쫑긋하게 들으며
그리운 어머니 새를 기다리게 된다.

추석명절이 며칠 후
어머니 새의 아름다운 노래 소리가 듣고 싶은 때

이른 아침 창가 늙은 밤나무에서
아침 예불 목탁 소리
눈이 번쩍 아침을 깨우는
오색딱따구리.

2009. 9. 13

장 꿩 한 마리

“내가 죽거들랑 새가 되어 이 자식 저 자식 찾아다니며
노래를 불러 주마, 꽃과 나무를 잘 가꿔 놓으렴”
하시던 우리 어머니.

요즈음 들어 청류재 식물원에 심상치 않은 장 꿩 한 마리
우리 집 문밖 큰 은행나무 꼭대기 앉아 있다가
이른 아침 나의 기침 소리에 까르륵 나르는 장 꿩 한 마리
어느 때는 장닭이 되기나 하는 듯 뜰까지 찾아와
한바탕 목청을 세우는 장 꿩 한 마리.

혹시나, 혹시나
우리 어머니 새가 아닐까 생각케 하는 장 꿩 한 마리
암놈 한 마리 거느리지도 못한 채
우리 집 배회하며 살아가는 장 꿩 한 마리.

그래, 그래
네가 벌써 환갑 늙은이가 되었다지
어느 사이 백발로 탈색이 되었구나
요즈음 세상 살아가는데 어렵지
어렵다 어렵다 하지 말거라

세월이란 훌쩍 바람의 흔적과 같으니라
어머니 말씀
어머니 생각
장 꿩 한 마리에서….

2004. 7. 8

화두

한 해도 며칠.

칠흑같은 하늘에서
눈발이 내린다.

방안에서는 시계 소리만 들리는
기나긴 한밤.

하얀 눈이 얼비춰진 창문이
내게 슬며시 거울로 다가온다.

2010. 12. 18

쑥국새

깊은 산골짝도 아닌데
초여름 청류재 연둣빛 숲에서
초저녁부터 밤의 적막을 흔들어 놓더니
새벽녘까지
쑥국새 소리—
요즈음 백일기도 들어가신 비구니 스님
맑은 산골짝 청아한 물소리까지는 좋지만
아무래도 적막을 흔들어 놓는 쑥국새 소리에
혹여나 때쭉나무꽃 향의 유혹처럼
백일기도에 지장이나 주지 않을런지
머나먼 사연을 가진 새
연둣빛 산세가 그윽한 밤이면 유난히 외로움을 흔드는
쑥국새야, 쑥국새야—.

2009. 5. 21

귀뚜라미 소리

기나긴 장마 끝자락
처서가 지난 며칠
해 넘어 땀에 절은 귀가 길에
늦도록 짝을 찾는 귀뚜라미 소리
폭염에 지친 몸
노시인의 시혼을 세워
먼- 길녘을 바라보듯이
순간처럼 스쳐가는 세월을 짚어 주는
정적을 흔드는
귀뚜라미 소리.

2010. 8. 27

황소개구리

우－엉－ 우－ 엉－ 우－ 엉－
우렁찬 황소개구리
베이스 소리.

안성시 보개면 복평리 산 속에
병풍처럼 둘러쳐진
호수에
논병아리, 쇠물닭 소리에 섞인
베이스 소리.

아무리 들어 줄려도
익숙지 않은
이 땅에서는 안 어울리는
베이스 소리.

광활한 대륙에서 제 짝에게나 불러주던
황소개구리
우－엉－우－엉－우－엉－
다시 들어봐도 이 땅에서는 어울리지 않는
베이스 소리.

2005. 6. 14

자연에서 길어 올리는 성찰과 신생의 노래

유 성 호
(문학평론가, 한양대 교수)

1. 우리 시대의 한 '역진'의 언어

김유신金有新 시인의 열 번째 시집 『봄의 층계』(2011, 동행)는, 오랜 경험과 연륜에서 묻어나오는 깊은 인생론적 탐색과 함께, 자연 사물의 세목에서 새로운 의미를 발견하는 시인 특유의 심미적 자기 표현이 맞물려 발화된 성찰과 신생의 노래이다.

가령 김유신 시인은 '꽃과 나무를 가꾸고 기르는 전원 시인'(허영자)이라는 칭호를 받을 정도로 자연 사물과 더불어 살아가면서, 자연 사물의 생태에서 남다른 삶의 의미와 가치를 일관되게 발견하고 있다. 그만큼 그는 스스로[自] 그러한[然] 자연의 질서에서 삶의 근원적 이치를 유추적으로 사유해 내고 있는 것이다.

사실 우리의 혹독한 현대사는 우리로 하여금 몸 안팎에서 폐허를 경험케 하였다. 성장 제일주의와 물신 숭배에서 비롯된 이런 폐허화 과정으로 인해 우리는 크고 빠르고 새로운 것만을 찾아다니며 정작 중요한 우리 몸의 기억과 흔적을 잃어버리게 되었다.

오랜 동안 축적된 시간의 깊이를 헤아리지 못하고, 효율적인 속도와 크기만을 취해 왔던 것이다. 이때 눈 밝은 시인은, 우리 시대가 아무리 크고 빠르고 새로운 것만 찾아다니는 지향을 보인다 하더라도, 역설적으로 소소하고 느릿하고 오랜 것들이 여전히 우리를 '살아가게' 한다는 것을 믿는 사람이다. 그래서 사물의 비극성에 참여하면서도 인간의 궁극적 관심을 암시하는 밝은 눈을 우리에게 보여주게 되는 것이다.

이때 시인의 시선에 이러한 것들의 가치가 선명하게 포착되는 순간이 바로 서정시가 씌어지는 순간이다. 우리의 경험 속에, 이렇게 씌어지는 서정시는 자연 사물과의 소통에서 가장 중요한 내질內質을 얻는 법이고, 시인은 자연에서 길이 울리는 성찰과 신생의 노래를 자연스럽게 부르게 된다.

우리가 읽으려는 김유신 시편들은, 이렇게 우리 시대

가 필요로 하는, 우리 시대의 한 역진逆進의 언어로 다가온다고 말할 수 있을 것이다. 이제 그 세계 안으로 들어가 보자.

2. 자연 사물로부터 유추하는 삶의 비의秘義

김유신 시인은 자연 사물의 외관과 속성을 따라 매우 섬세하고도 탄력 있는 감각적 반응을 보이면서, 그로부터 삶의 비의秘義를 유추하는 적공積功을 일관되게 들이고 있다. 그 자연 사물 가운데 가장 압도적으로 채택되는 제재가 '꽃'인데, 그것은 '꽃'이 개화와 낙화 과정을 통해 사람살이의 신생과 소멸 과정을 고스란히 은유하는 가장 보편적인 시적 제재이기 때문일 것이다.

우리 시의 전통에서 '꽃'으로 대표되는 자연 형상을 통해 삶의 이법理法을 궁구하고 표현하는 것은 매우 편재적遍在的인 방식이었다고 할 수 있는데, 이때 자연 형상의 구현은 인간과 자연이 근원적 관계를 맺고 있다는 생생지리生生之理의 관점을 내보이면서, 인간과 자연 사이의 관계론을 지속적으로 보여주는 방향으로 진행되어 온 것이다. 아닌 게 아니라 김유신 시인은 '참다운 깊은 내 안을 내비춰 / 귀엣말까지 들려줄'(「수정란 2」) 자연에 가장 가깝게 살을 맞부딪치면서 '청류재 숲에 몇 십년이나 정착하여 살게 된 새우난초들'(「새우난초」)과 함께 '가만가만 사랑의 눈길'(「꽃다지」)을 나누고 있지 않은가. 이러한 발견의 감각으로 바라본 투명하고 심미적인 '꽃'의 형상을 한번 읽어보자.

찬이슬을 먹고 산다.

먼— 눈길 조는 듯 바라보아야 될
동동 떠 있는 듯한
무인도.

까마득한
벼랑에 붙어
긴긴 뿌리를 내리고
파도 소리와
물새 소리 속에 살아가는
풍란.

밤이면 총총한 별 밭에서 내린
이슬에 젖었다가
머나먼 곳까지 그윽한 향을 피워내는

풍란.

아, 인간으로 살기보다
때로는 풍란으로 살고 싶어진다.

―「풍란風蘭」 전문

찬이슬을 먹고 산다는 벼랑의 꽃이 바로 '풍란風蘭'이다. 시인은 '먼― 눈길'을 풍란에게 주면서 '동동 떠 있는 듯한 / 무인도' 같은 풍란과 자신의 정신적 지향을 일치시킨다. 벼랑에 뿌리 내리고 멀찍이 들려오는 파도 소리와 물새 소리를 양식으로 삼아 살아가는 풍란은, 그 순간 자연 사물과 동서同棲하고 동행하는 시인과 정신적 등가等價가 된다. 밤에는 별 밭에서 내린 이슬에 젖어 향기를 피워내는 풍란은, 그렇게 삶의 그윽한 향기를 생성하는 삶의 아름다움을 떠올리게 한다.

그래서 이러한 벼랑과 이슬의 꽃 풍란을 두고 시인은 '때로는 풍란으로 살고 싶어진다'는 고백을 하게 된다. 이는 자연 사물로부터 유추하는 삶의 비의를 선명하게 보여주는 장면일 것이다.

이토록 흔연한 자연 사물과의 일치를 통해 김유신 시인은 '별살의 화음'(「채송화」)도 귀 기울여 듣고 '초저녁 별빛들이 초롱초롱 계곡으로 내려온 / 산마을의 향'(「고광나무꽃 1」)도 짙게 맡으면서 온몸으로 감각의 희열을 느끼고 있다. 이러한 심미적 감각의 밀도를 새삼 보여주는 투명한 시편이 다음에 인용하는 작품일 것이다.

오
순결, 순수, 투명
낙엽 속에서 솟아 피어나는
고귀함.

숨소리까지 죽여가며
조아려 보게 하는
푸른 잎 자락도 없이
하얀 수정체로 피어서
하늘에서 투명으로 내려다보시는
높으신 주님께서
고해성사 바치라는
꽃.

—「수정란 1」 전문

수정란은 시인의 명명대로 '순결, 순수, 투명'의 생명체이다. 낙엽 속에서 피어오르는 생태적 고귀함과 하얀 수정체가 끼쳐주는 투명한 아름다움은 보는 이로 하여금 숨소리 죽여가며 공손하게 조아려 보게 하는 힘을 가지고 있다. 이 꽃을 두고 시인은 '하늘에서 투명으로 내려다보시는 / 높으신 주님께서 / 고해성사 바치라는 / 꽃'으로 해석한다. 여기서 투명함과 고해성사는, '하늘의 천사 / 그윽한 / 메시아 / 향'(「옥잠화 4」)을 끼치는 꽃이나, 인간에게 '뜨거운 눈길 / 광채'(「능소화」)를 보여주는 꽃이나, 모두 어떤 신성神聖을 내장한 생명체임을 확연하게 증언한다.

이러한 신성한 존재들과 함께 걷는 길 위에서 시인은 '그대 귀하디귀한 자태에 / 이 세상 살아온 보람을 느끼나니'(「취소나무 1」)라고 고백하는 것이다. 그 투명하고도 절절한 고백에서 우리는 시인의 생태적 사유와 가장 본원적 생명 사랑의 감각을 느끼게 된다. 이렇게 신성한 것과의 소통 과정은, 김유신 시편을 신비로운 분위기로 감싸 안아가게 된다.

한평생 자연에 순응하면서 살다보니
한평생 자연에 의지하며 살다보니
참으로 창조자의 신비를 생각하게 된다.

고루 사는 비법으로 살아가는

더불어 살아가는, 더불어서 함께 살아가는
신비와 감탄을 느끼게 된다.

—「독고바리 풀」 중에서

이 작품에서 시인은 창조자의 신비로운 창조 사역에 대하여 다시 한 번 감탄어린 외경과 신비를 느끼고 있다. 그것은 스스로 '한평생 자연에 순응'하고 '한평생 자연에 의지'하고 살아온 이만이 할 수 있는 특권적 감각일 것이다. 이렇게 자연에서 배운 '고루 사는 비법'을 통해 시인은 '더불어 살아가는, 더불어서 함께 살아가는' 섭리와 질서를 온몸으로 각인한다.

그때 비로소 자연과 창조자를 향한 피조물로서의 신비와 감탄이 강렬하게 터져 나온다.

결국 시인은 자연의 질서가 일러주는 어떤 원리, 곧 자연 사물 속에 창조자의 말씀이 이미 다 들어 있다는 이른바 '일반계시一般啓示'의 차원으로까지 자연 사물의 위상을 높이고 있다. 그 점에서 김유신 시인은 단순한 자연 친화를 넘어 어떤 신성과 적극적으로 만나는 가장 근원적인 의미의 형이상形而上을 추구하는 모습으로까지 나아가고 있다. 그것을 한결같이 자연 사물로부터 삶의 비의를 유추하는 방법으로 수행하고 있는 것이다.

3. 침묵의 역리逆理에 가 닿는 언어

앞에서 살폈듯이, 김유신 시인은 삶의 심미성을 자연 속에서 추구하면서도, 보다 높은 정신적 차원을 지향하는 형이상의 지경地境을 탐색하고 있다. 이러한 지향은 그로 하여금 우리 시단에서 품과 격과 모두 갖춘 '자연 시인'으로 자리매김하게 하는 귀중한 속성이 아닐 수 없다. 이번 시집에서 그는 '지도에도 표시가 없는 / 작은 바위섬'(「섬」)을 찾아나서는 등 우리 나라 국토 구석구석의 아름다움을 찾아 떠나는 순례자의 모습을 보여준다.

그 순례자로서의 미학적 직능이 그로 하여금 예민하고도 정밀한 자연 탐사자가 되게 하고 있는 것이다. 가령 제주도를 돌아본 기억을 담은 시편들은, 아름다운 풍경을 일일이 피사체로 담아내는 사진사로서의 그의 능력을 한껏 보여준다.

그에게 '아름답고 신비로운 / 생명의 땅'(「제주도」) 제주도는 '유채꽃 꽃 사태를 이루는'(「서귀포의 겨울은」) 풍경과 '하늘의 은총'(「천지연폭포」)을 흠뻑 느끼게 하는 풍경으로 가득한 천혜의 심미적 공간이다. 이러한 심미적 자연을 섬세하게 돌아보면서 그는 단순히 풍경에 도취되기보다는 그 안에서 가장 근원적인 자연의 이치와 함께 삶의 이법理法을 발견하고 있는 것이다.

한겨울에도 바람 없는 날씨를 찾아
청류재 수목원에서는
시퍼런 전지가위와 톱을 들고 전지를 한다.

오만하고 무법한 가지를 과감하게
되도록 냉엄하게
함께 살아가는
아름다운 숲을 향하여
어린 가지와 꽃가지를 위하여
침엽수 가지에 햇볕을 받쳐주기 위하여 전지를 한다.

대한大寒이 지난 오늘도 겨울 햇볕을 받아가며
단풍나무 가지를 과감히 전지하는데
오매, 냉엄한 전지가위 끝에
수액이 펄펄 솟아올라 뚝뚝 떨어져
일손을 멈추게 한다.

청류재 봄은
복수초꽃이며 영춘화, 미선나무가
제일 먼저 알려주는 줄 알았는데
강변의 수양버들
잔설이 녹아 흐르는 산골짝 갯버들이

제일 먼저 알려주는 줄 알았는데
전지가위 끝
펄펄 솟아오르는 단풍나무 수액으로
뒤늦게
봄의 한 층계를 알게 되었다.

—「봄의 층계」 전문

마치 봄날을 앞당기기라도 하듯 시인은 한겨울 청류재 수목원에서 한창 전지剪枝에 빠져 있다. 봄날을 앞둔 수목원에서 '오만하고 무법한 가지'는 잘려나가고 '함께 살아가는 / 아름다운 숲'을 위하고 '침엽수 가지에 햇볕을 받쳐주기' 위하여 가지치기가 이루어진다.

겨울 햇볕을 받아가며 단풍나무 가지를 잘라내는 냉엄한 과정에서 시인은 나무 수액이 솟아오르는 것을 목도하는데, 그 순간 시인은 일손을 멈추고 다가오는 봄을 예감하게 된다. 그동안 청류재 봄이 꽃이나 나무를 통해 찾아오는 줄 알았는데, 오히려 가지를 잘라내는 가위 위로 솟아오른 '단풍나무 수액'을 통해 찾아오는 것이라고 느끼는 것이다.

이를 두고 시인은 '봄의 한 층계'라고 명명한다. 이렇게 시인은 '산새들 화음이 실내악처럼 / 안개를 걷어내고 있을 듯싶은'(「숲에서 1」) 곳에서 계절의 순환과 생명체들의 어김없는 순리를 통해 삶의 가파른 이법을 감득하고 있다. 이러한 근원 지향의 상상력은 다음 시편에서 더욱 자연과의 교응交應을 통해 침묵의 깊이를 얻게 되는데, 시인은 침묵을 통해 삶의 깊은 역리逆理에 가닿고 있는 것이다.

우리 땅에서도 가장 깊은 내륙 지역
경북 봉화 운곡천
원앙새들이 내리는 계곡
상류로 상류로 오르다 보면
왕두산 깊은 골짝에
각화사가 있다.

물소리 따라서 느티나무가 벌렁 누워
시선을 끄는 여인의 나목이며
느릅나무와 느티나무가 얼마나 많은 세월 동안
얼싸안고 살아온 연리지인지
스님들의 선 도량길
그 많은 유혹을 시험해 보기 위한 연리지
각화사 터 높은 오름길 물가에
무심히 시나실 수도 없는

느티나무 연리지와 여인의 나목
깊은 화두를 찾아 오르는 묵언의 심방에는
산새들까지 소곤대는 분위기.

각화사 역사歷史까지 감추고
다 낡아 비가 새는 기와지붕
새로 덮게 한 깊은 사찰
나도 모르게 발뒤꿈치 들고
대나무 총총 세운 담 넘어
수행정진 스님의 화두 가늠해 본다.

—「각화사 느티나무 연리지」 전문

새들이 내리는 벽지 계곡을 따라 올라가면 마치 지성소至聖所처럼 '각화사覺華寺'라는 사찰이 나온다. 느릅나무와 느티나무가 오랜 시간 '연리지'로 서 있는 '스님들의 선 도량길'이 펼쳐져 있고, '깊은 화두를 찾아 오르는 묵언의 심방'에 산새들과 물소리가 화창和唱하는 곳이다. 사찰 역사를 다 감추고 낡아가는 기와지붕과 '대나무 총총 세운 담'을 향해 시인은 자신도 모르게 발뒤꿈치 들고 스님의 화두를 상상하고 가늠해 본다. 침묵의 소리를 통해 삶이 어떤 역리에 가 닿고 있는 것이다.

이 시편에서 연리지連理枝는, 두 나무의 가지가 서로 맞닿아서 결이 서로 통한 것을 말하는데, 흔히 서로 마음과 뜻이 통하는 도반道伴을 상징하기도 한다. 그것은 이를테면 생성과 소멸, 삶과 죽음, 오램과 새로움을 모두 통합하는 상징적 생명체로 등장한 것이다. 하지만 이 모든 것이 침묵에 가까운 화두로 모아짐으로써, 시인은 침묵의 역리가 매우 중요한 화두임을 깨달아가게 된다.

이처럼 김유신 시편에서 '삶'과 '죽음'으로 대별되는 것들은, 각각 개별적인 존재[不一]이자, 궁극적으로 동일한 존재[不二]라는 역설을 한결같이 성립시킨다.

그의 시편 가장 중요한 기저基底에는 이렇게 종교적 사유를 통한 생의 근원적 깨달음이 놓여있고 있다. '이언설상離言說相'이라고 했거니와, 김유신 시편은 말과 대상의 불일치를 전제하면서도, 이렇게 침묵의 역리를 통해 가 닿는 언어적 깨달음의 세계를 보여주고 있다.

4. '시'와 '자연'과 '삶'의 결속

시인들의 의식과 무의식 속에 깊이 숨겨져 있는 이른바 '원체험原體驗'은, 시인의 언어와 생각에 지속적으로 영향을 끼치게 마련이다. 시인들은 이러한 원체험을 부

단히 변형하고 거기에 파생적 경험들을 부가하면서 자신만의 자기 동일성을 점진적으로 획득해간다. 이때 원체험을 변형하는데 시인의 남다른 기억들이 활발한 매개 역할을 하는 것은 자연스러운 일이다. 이러한 원체험과 파생적 경험을 매개하는 '기억'이 시에서 '서정'의 원리로 나타난다는 것은 잘 알려진 일이다.

김유신 시인의 원체험의 서정은 '미루나무 마을 악동은 그 추억에 늙어가며 산다.'(「추억追憶의 들녘에서서」)라는 고백에서 번지어오듯, 이제 추억으로 다가오는 자연과 유년과 지난날에 대한 그리움에서 발원하고 있다.

그 그리움의 힘으로 시인은 '시詩'를 쓴다. 다음은 시인이 직접 자신의 시가 생성되고 완성되는 과정의 비밀을 토로한 시편이다.

> 절기에 따라서 대교향곡의 울림처럼 벌어지는
> 대자연 속에 햇볕, 햇살이며
> 온갖 바람들이 스치는 감흥에 따라서 일어나는
> 사계의 푸른 잎 자락과 화사한 꽃잎 빛결이며 향이
> 나에게 시를 쓰게 하네.
>
> —「나에게 시를 쓰게 하네」 중에서

시간의 흐름을 따라 대자연 속에 울려 퍼지는 햇살과 바람은, 시인으로 하여금 감흥에 가득한 시를 쓰게 한다. 푸른 잎 자락과 꽃잎 빛 결과 향기가 또한 그에게 시를 허락한다. 이렇게 자연의 빈 곳은 시인에게 새로운 언어를 준비하고 갈고 닦는 도량이었던 셈이다.

일찍이 장자莊子는 '虛室生白'이라고 하면서, 빈 공간은 그냥 비어 있는 것이 아니라, 뭇 사물을 포괄하는 흰 빛이 살아오는 공간이라고 말한 바 있다. 그렇게 김유신 시인이 바라보고 사유하는 자연 공간은, 모든 것을 생성 가능하게 만드는 근원적 자리였던 것이다.

그 자리는 현실적 구체에서는 '청류재'로 나타난다. 그곳은 '순수 어법을 듣게 되는/ 청류재 뜨락의 풍경'(「구월九月의 뜰」)이라는 표현에서처럼, 일종의 순수 원형을 아름답게 상상하고 채집하고 노래할 수 있는 귀중한 시의 산실産室이 되어준다. 그곳에서 시인은 '시'와 '자연'과 '삶'을 하나로 결속하고 있다.

청류재聽流齋 소설小雪
빈 뜰에는
홀홀 벗어져 내려앉은
갈잎들.

가을 내내 초롱초롱 구슬을 엮어 울던
귀뚜라미 소리처럼
갈바람이 스며서 운다.

볕 바른 언덕에
구절초 감국 꽃잎도 마른 소리 내며
가슴으로 젖어오는
청류재
뜰.

시인詩人의 발길에 채이는
낙엽 소리가
시 낭독처럼 들려온다.

—「갈잎 소리 1」 전문

소설小雪 절기를 맞아 청류재聽流齋 빈 뜰에 내려 떨어진 '갈잎들'의 소리를, 시인은 마치 가을 내내 울던 '귀뚜라미 소리'처럼 새삼스러이 듣고 있다. 갈바람이 스미어 우는 것과 구절초 감국의 마른소리와 발길에 채이는 낙엽 소리를 모두 '시詩'의 낭송처럼 아름다운 자연의 언어로 듣고 있는 것이다.

그만큼 '청류재 / 뜰'은 아름다운 실내악이 퍼지고 '빛결들의 화음'(「이른 봄 청류재 숲에」)이 어우러진 예술적 공간이 되어준다. 다시 말해 '시'와 '자연'과 '삶'의 결속이 이루어진 공간이 되는 것이다.

이 모든 것이 자연의 언어에 귀 기울이고 그것을 채집하려는 시인의 밝은 귀와 눈 때문에 가능한 일일 것이다. '아내 손길에서 건너온/ 한 대접 꿀꺽/ 꿀맛/ 그/ 포만'(「아내의 손길에서」)도 이러한 시인의 밝은 귀와 눈을 따뜻하게 돕고 있다.

나의 서재는 많은 책들과
혜산 선생님 모시고 탐석해 온 수석水石들
도자기와 묵화가 있는가 하면
계절 따라서 꽃 피워주는 난 화분
서재는 최대한 나에게 안식처가 되고
나의 우주가 된다
나의 서재는 내게 천국이다
큰 창문에서 보는 유난히 넓은 별 밭과
낙수 소리가 들려올 때는
가장 아름다운 음악 감상실
음악에 취하여 다뉴브강 기슭을 생각하게 되고
빈의 어느 마을 공원을 거닐듯
베토벤의 전원곡이거나

비발디 사계에 취하여
안식을 찾게 되는
오, 나의 서재
수많은 문사들과 예술인들 체온이 깃든
나의 서재
군사 정권에 밀려 간간이 찾아 심신을 쉬었다 가시던
혜산 박두진 시인
박영준, 유주현 소설가, 김석득 문학박사, 박목월,
박용래 시인
김세종 삽화가, 박서보, 심문섭, 이승조, 이상남 화가 등
시인 묵객들의 숨결이 가득 있는 곳
계절 따라서 바깥 산새 소리에도 취하는
나의 서재는
내 최대의 안식처.

—「나의 서재」 전문

시인의 서재는 여러 사람들의 흔적으로 충일하다. 시인은 먼저 혜산兮山 선생을 떠올린다. 김유신 시인과 혜산 선생은 모두 안성 출신으로서, 김 시인은 혜산 선생의 추천으로 등단한 인연을 가지고 있기도 하다. 그의 서재에는 혜산 선생과 함께 탐석해온 수석水石들이 놓여 있다. 또한 책들과 도자기와 묵화와 난

화분이 있다.

모두 고결하고 오랜 시간을 함축하고 있는 소재들이다. 그래서 시인은 '서재는 최대한 나에게 안식처'라 고백한다. 그리고 어느새 그 안식처는 차츰차츰 '나의 우주'로 '내게 천국'으로 확장되어 간다.

그런가 하면 다른 방향에서는 그 서재가 아름다운 음악 감상실로 몸을 바꾼다. '낙수 소리'에서 연상하는 '다뉴브상 기슭'과 '빈의 어느 마을 공원'은 그 자체로는 환각의 공간이지만, 자연의 소리들이 엮어준 상상적 유대감을 증폭하는 아름다운 매개가 되어준다.

그리고 '베토벤의 전원곡이거나 / 비발디 사계'에 취한 시인의 모습은, 그 자체로 시인의 음악적 취향을 보여줌은 물론, 그의 서재가 가지는 예술적 아취雅趣를 함께 암시해 준다.

또한 시인은 자신의 서재를 들러 간 많은 '문사들과 예술인들'의 체온을 회상한다. 그곳이 '군사 정권에 밀려 간간이 찾아 심신을 쉬었다 가시던 / 혜산 박두진 시인'을 비롯하여 여러 시인, 작가, 교수, 화가 등이 자신들의 숨결을 가득 머물게 한 공간이었기 때문이다. 이렇게 '바깥 산새 소리에' 취하는 '최대의 안식처'에서 신유신 시인은 '이름만 열거해도 / 그냥 향그런 시 구절'

(「초여름 꽃들은 희다 2」)을 떠올리기도 하고, '세상 살아올 만큼 살아온 나이에 / 눈발이 휘날리는 창가에서 / 봄의 언덕이 그리운 / 먼— 눈빛 / 소년의 / 꿈'(「녹차 향에 젖어」)을 회상하기도 하는 것이다.

이는 그의 시적 기원(origin)이 어디에 있는지를 선연하게 보여주는 실례들일 것이다.

우리가 일일이 살피지는 못했지만, 김유신 제10시집에는 활달하고 구체적인 안성 방언 시편(「가을 땡볕에는 유」)도 들어 있고, 천진한 동심적 발상을 담은 시편(「숲속의 수다쟁이」)도 발견되고 있고, 자연 사물의 다양한 세목에 대한 한없는 애정과 기억을 담은 시편(「봄의 해설가」)도 다수 들어 있다. 박용래 시인과의 추억을 담은 애틋한 시편(「벽오동」)도 만날 수 있다.

그만큼 이번 시집은 주제와 어법과 시선에서 매우 다채로운 구성을 보이고 있다 할 것이다.

그렇게 김유신 시편에는 '시'와 '자연'과 '삶'이 한 줄기로 녹아들고 있다. 그래서 그의 시집은 자연에서 길어 올리는 성찰과 신생의 노래로 가득하다. 그러니 그 시인이 들려주는 다음 시편은 그 자체로 스스로를 향한 실존적 고백이자, 우리를 향한 절절한 호소이기도

할 것이다.

이제 그 고백과 호소에 우리가 대답할 차례이다.

바람 한 점 없이 내리는 빗줄기 속에
새들까지 숨 죽여 명상을 하는데
그대는 얼마나
연둣빛 넓은 세계를 열어 보며
살아가는가.

—「5월의 연둣빛 비에 젖어서」 중에서

봄의 층계

초판 1쇄 인쇄 | 2011년 6월 25일
초판 1쇄 발행 | 2011년 6월 30일

지은이 | 김 유 신
발행인 | 윤 영 희
편집인 | 오 용 수
주　간 | 이 은 별

발행처 | 도서출판 동행
출판등록 | 제2-4991호
주　소 | 서울시 중구 을지로 3가 302-18 난빌딩 303호
전　화 | 02-338-2734, 2285-0711
팩　스 | 02-338-2722

정가 12,000원

ISBN 978-89-94227-29-0 03810